Mes premiers Poche Larousse

Pourquoi les loups ont-ils de si grandes dents ?

Texte : Agnès de Lestrade
Illustrations : Prisca Le Tandé

LAROUSSE

Il y a très longtemps, les loups n'avaient pas de dents. Ni de grandes, ni de petites : pas de dents du tout ! Leurs mâchoires étaient aussi lisses que les fesses d'un bébé.

Ils vivaient dans la montagne, se nourrissaient de **baies** et ne faisaient peur ni aux lapins, ni aux poules, ni aux sangliers.

Au contraire, les loups avaient peur de tout et, la nuit venue, ils se cachaient sous des tas de branches mortes.

Jusqu'au jour où Tiloup, un très mignon petit loup, quitta la montagne. C'était un louveteau **téméraire** qui avait envie d'aventure.

À force de marcher,
il se retrouva bientôt dans
la plaine et ne sut plus
comment rentrer chez lui.
Il faisait nuit.
Alors, Tiloup se mit à pleurer.
Parce que même courageux,
on a le droit de pleurer,
c'est bien connu.

Soudain, il entendit une voix aiguë :
« Pourquoi pleures-tu, mon petit ? »
Tiloup essuya ses yeux et aperçut une poulette.
Une belle poulette avec des ailes blanches
et des yeux doux.
« Je me suis perdu, répondit-il.
– Où habites-tu ?

– Très haut dans la montagne.
– Bon, pour ce soir, viens avec moi. Demain je t'aiderai à retrouver ta famille. »

Et Tiloup suivit la poulette.

Ils arrivèrent à un endroit plein de paille
et de poulettes.
« Comment t'appelles-tu ? »
« D'où viens-tu ? »
« Tu as faim ? »
Toutes les poulettes **caquetaient** en même temps !

L'une d'elles lui enfourna trois grains de maïs dans la gueule.
« Merci, dit-il. »
Car, en plus d'être courageux, Tiloup était très poli.

La jolie poulette aux ailes blanches lui fabriqua un lit avec de la paille. « Allez, au dodo, Tiloup ! »

Épuisé, Tiloup s'endormit vite, mais fut bientôt réveillé par des caquètements affolés.
Il ouvrit les yeux et vit les poulettes qui **s'ébattaient** dans tous les sens.

À l'entrée du poulailler, il reconnut les deux yeux jaunes et menaçants d'un renard.

Les renards, Tiloup les connaissait bien, et savait qu'il valait mieux ne jamais croiser leur chemin.

Alors le louveteau eut une idée. Il remplit sa bouche de grains de maïs et de brins de paille. Puis il inspira un bon coup et, la gueule grande ouverte, il se précipita vers le renard en hurlant.

Étonné par cette étrange bête surgie
de nulle part avec d'horribles dents jaunes,
le renard s'enfuit en courant.

« Merci Tiloup ! caquetèrent les poulettes en chœur.
Tu nous as sauvé la vie ! »

Elles le prirent dans leurs plumes,
l'embrassèrent dans le cou.
« Ah, ah ! la tête du renard quand il a vu
les fausses dents de Tiloup ! On en rira
toute notre vie ! » disaient
les poulettes en se rendormant,
le sourire au bec.

Le lendemain matin,
Tiloup se réveilla le premier.
Il repensa à la nuit passée
et se dit que, vraiment,
il avait vécu la plus grande
aventure de sa vie.
Dehors, le soleil venait juste
de se lever et formait un rond
de lumière dans le ciel.

Tiloup s'assit devant une petite mare brillante et **contempla** les grenouilles qui sautaient sur les nénuphars.

Au milieu des grandes feuilles vertes, une grenouille plus grosse que les autres avait un insecte dans la bouche. Soudain, Tiloup s'aperçut que l'insecte était en fait...

... une petite dame avec des ailes !

La petite dame criait, appelait au secours.
Sans réfléchir, Tiloup plongea dans la mare.
Il poussa la grenouille de sa patte et saisit
délicatement la petite dame dans sa gueule.
Puis il la ramena sur la rive.

Il lui souffla dessus pour la réchauffer, mais elle continuait à crier.

« N'aie pas peur, dit Tiloup. Je ne te ferai aucun mal. Je ne mange que des baies, des feuilles et du maïs. »

La petite dame cessa enfin de crier :
« Merci ! Merci ! Tu m'as sortie des pattes de cette horrible grenouille ! Ma parole, elle ne sait pas qui je suis, cette greluche ?
Je suis la fée des bois.

– La fée des bois ? demanda Tiloup.
– Oui, et si je n'ai pas le pouvoir de nager, ni de croquer, je peux faire beaucoup d'autres choses... Mes pouvoirs sont extraordinaires ! »

Tiloup repensa au renard,
à ses dents brillantes et **acérées** :
s'il possédait les mêmes, il pourrait
protéger ses amies les poulettes.

« Alors si je te demande quelque chose
de très difficile, tu peux le faire ?
– Bien sûr, qu'est-ce que tu crois ?
répondit la fée, **vexée**.
– Alors, je veux des dents !
De grandes dents pointues,
plus grandes que celles du renard,
pour moi et toute ma famille. »

« Bon, dit la fée des bois. Ce que tu me demandes est un peu compliqué. Il faut que je consulte mon livre “Spécial Difficultés”. » Elle sourit et ajouta : « Mais après tout, je te dois bien ça ! »

Elle fila en sautillant et disparut dans un petit trou de terre.
« Hum, dit Tiloup. Je crois que cette petite dame s'est bien moquée de moi. »
Et il partit retrouver les poulettes.

Il prenait un petit déjeuner de nénuphars bien croquants quand, soudain, la fée des bois apparut :
« Bonjour tout le monde ! » dit-elle.
Les poulettes se demandèrent d'où venait la voix, tant la fée des bois était petite.

« Fée des bois ! Tu as tenu
ta promesse ! s'exclama Tiloup.
– Tu me prends pour qui, espèce
de grande bête à poils ?
Je tiens toujours mes promesses ! »

La fée demanda à Tiloup
de s'allonger sur la paille
et de fermer les yeux.
Puis, à voix basse,
elle récita quelques
salamalecs.

Quand Tiloup se releva, une grande rangée de dents pointues ornait sa mâchoire.

Il les toucha pour vérifier qu'elles étaient bien tranchantes et il s'égratigna le bout de la patte : « Hourra ! Hourra ! j'ai des dents ! Mes poulettes, je vais pouvoir vous protéger ! Merci, fée des bois ! »

Quand il retrouva les membres de sa **meute** en haut de la montagne, tous souriaient... de toutes leurs dents.

Tiloup vécut avec les poules et veilla sur elles jusqu'à la fin de ses jours... même si, en vieillissant, il finit par perdre quelques dents ! Bon, la suite, vous la connaissez : les loups ont quitté la montagne.

Certains ont même oublié qu'ils avaient été les amis des poules... En tout cas, ils n'ont jamais, jamais, JAMAIS PLUS eu peur... de rien !

Mon petit dico

les baies (p. 2) : petits fruits sans noyau comme les mûres ou les groseilles.

téméraire (p. 4) : hardi, qui prend des risques.

caqueter (p. 8) : crier, en parlant des poules.

s'ébattre (p. 10) : courir, sauter.

contempler (p. 16) : observer, regarder.

acéré (p. 22) : tranchant, pointu.

être vexé (p. 23) : être peiné, contrarié.

des salamalecs (p. 28) : des mots de politesse exagérés.

une meute (p. 30) : un groupe de loups.